Zhongguo Wenhua
Zhishi Duben

中国文化知识读本

钱庄 账局 票号

主编 金开诚

编著 王天舒

吉林出版集团有限责任公司

吉林文史出版社

图书在版编目（CIP）数据

钱庄　账局　票号 / 王天舒编著. —— 长春 ：
吉林出版集团有限责任公司 ：吉林文史出版社，2009.12 （2023.4重印）
（中国文化知识读本）
ISBN 978-7-5463-1270-5

Ⅰ. ①钱… Ⅱ. ①王… Ⅲ. ①钱庄-经济史-中国②
金融机构-经济史-中国③票号-经济史-中国　Ⅳ.
①F832.9

中国版本图书馆CIP数据核字(2009)第223007号

钱庄 账局 票号

QIANZHUANG ZHANGJU PIAOHAO

主编/ 金开诚　编著/王天舒

项目负责/崔博华　责任编辑/曹　恒　崔博华

责任校对/王明智　装帧设计/曹　恒

出版发行/吉林出版集团有限责任公司　吉林文史出版社

地址/长春市福祉大路5788号　邮编/130000

印刷/天津市天玺印务有限公司

版次/2009年12月第1版　印次/2023年4月第4次印刷

开本/660mm×915mm　1/16

印张/8　字数/30千

书号/ISBN 978-7-5463-1270-5

定价/34.80元

前　言

　　文化是一种社会现象，是人类物质文明和精神文明有机融合的产物；同时又是一种历史现象，是社会的历史沉积。当今世界，随着经济全球化进程的加快，人们也越来越重视本民族的文化。我们只有加强对本民族文化的继承和创新，才能更好地弘扬民族精神，增强民族凝聚力。历史经验告诉我们，任何一个民族要想屹立于世界民族之林，必须具有自尊、自信、自强的民族意识。文化是维系一个民族生存和发展的强大动力。一个民族的存在依赖文化，文化的解体就是一个民族的消亡。

　　随着我国综合国力的日益强大，广大民众对重塑民族自尊心和自豪感的愿望日益迫切。作为民族大家庭中的一员，将源远流长、博大精深的中国文化继承并传播给广大群众，特别是青年一代，是我们出版人义不容辞的责任。

　　本套丛书是由吉林文史出版社和吉林出版集团有限责任公司组织国内知名专家学者编写的一套旨在传播中华五千年优秀传统文化，提高全民文化修养的大型知识读本。该书在深入挖掘和整理中华优秀传统文化成果的同时，结合社会发展，注入了时代精神。书中优美生动的文字、简明通俗的语言、图文并茂的形式，把中国文化中的物态文化、制度文化、行为文化、精神文化等知识要点全面展示给读者。点点滴滴的文化知识仿佛颗颗繁星，组成了灿烂辉煌的中国文化的天穹。

　　希望本书能为弘扬中华五千年优秀传统文化、增强各民族团结、构建社会主义和谐社会尽一份绵薄之力，也坚信我们的中华民族一定能够早日实现伟大复兴！

目录

一、中国近代金融业的雏钱庄

大清银锭

钱庄，亦称钱店、钱铺，是我国一种以货币兑换、信贷活动为主要业务的旧式金融机构，但是因为当时钱庄的业务内容和活动范围都非常有限，所以它只是"货币经营业的最原始的形式"。虽然原始简单，但钱庄的产生却是近代资本主义萌芽下商品经济不断发展的时代产物，所以钱庄的出现是社会发展的必然结果。作为中国近代金融业的雏形，钱庄的出现使我们不难窥探当时的货币流通和商业发展情况。而作为一个新兴的行业，统治阶级甚至外国列强也试图参与到这一活动中来，还有江浙财阀所把持的上海钱庄对全国的金融业以及外商活动都有着举足轻重的影响。所以，了解钱庄的产生、发展和逐渐衰落的轨迹，了解它的主要业务和运行管理方式，都将会对我们了解中国近代金融业的发展有重要帮助。钱庄，也许将会带我们慢慢走进那个时代。

（一）钱庄的产生和发展

钱庄最早产生于明代嘉靖年间，早期的钱庄非常简陋，只是在市集中摆桌设摊，以满足交易者的临时需要。虽然早期的钱庄形式简单，但它的产生却展现了我国金融业的兴起过程。

唯一合法流通的货币只有大明宝钞。大明宝钞是一种纸币，分一贯文、三百文、五百文等多种面额,在洪武八年（1375 年）开始发行。

古代钱币

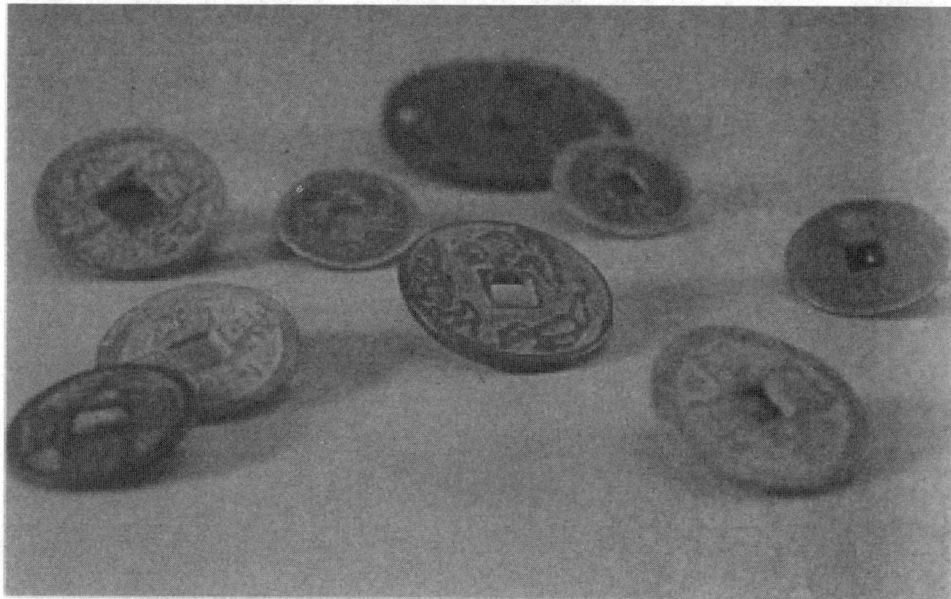

同时明廷规定禁止使用金属货币，以维护大明宝钞在流通中的地位。但是，朝廷滥发无度，导致大明宝钞很快就出现了贬值趋势，几年间就贬值过半。然而对于宝钞的迅速贬值，明廷却毫无反应，于是，大明宝钞也就逐渐失去了市场的信任，被民间市场所拒绝。原来被官方禁用的白银、制钱等货币又悄悄地回到了市场，重新发挥着流通的职能。而随着商品经济的发展，市场越来越活跃，朝廷也就渐渐认可了这种状况，因此白银、制钱等成为公认的货币。

在当时的货币使用中，民间的小额交易一般使用制钱，而大额的商品交易，政府征税，政府向官员、士兵发放俸饷，一般都使用银两。这样，

古钱币

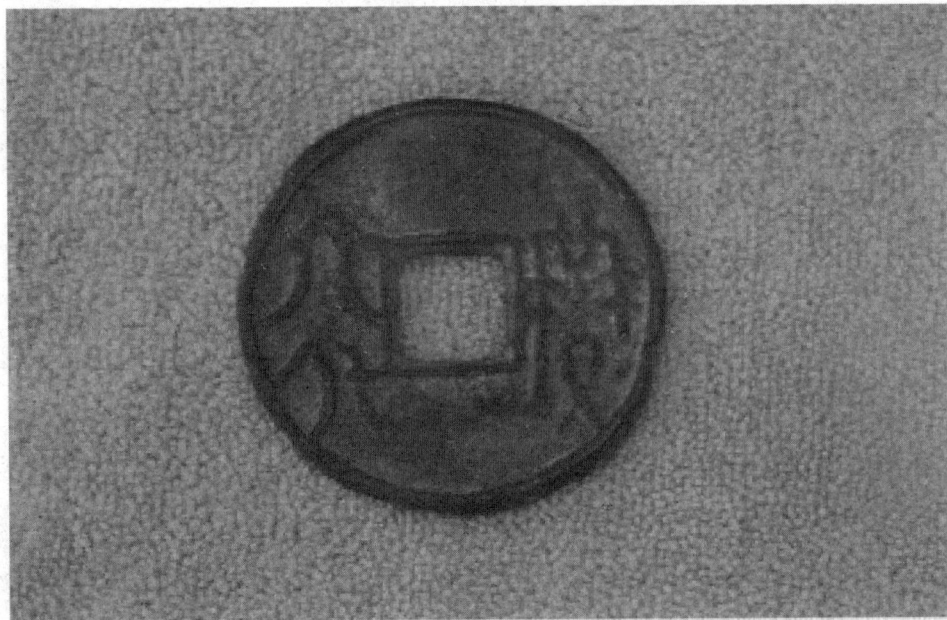

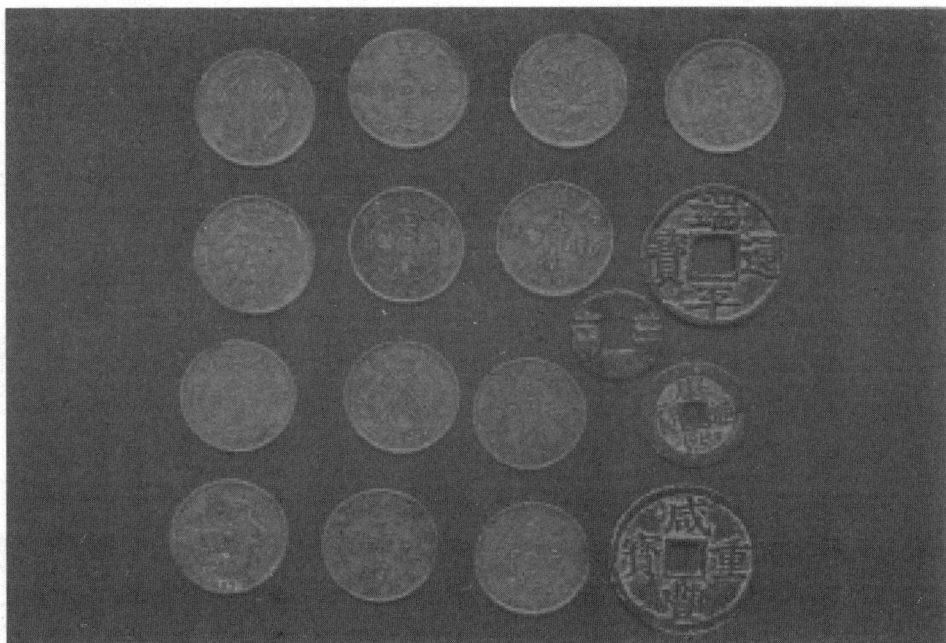

清代古钱币

普通百姓通过小额销售获得制钱，需要兑换成银两用于纳税；官员、士兵获得的俸饷银两，又需要兑换成制钱用于消费。特别是从事贸易的商人，更是需要在银两与制钱之间，不断地进行兑换。随着明中期社会经济的不断发展，商品经济的规模逐渐扩大，货币流通量不断增加，这就使得货币的清点与兑换成了一项繁杂的劳动，需要一种专门机构来提供服务。正是在这种社会需要的呼唤之下，钱庄应运而生。

钱庄开始只单纯地经营制钱的兑换，但是经济的发展也慢慢地带动了钱庄的改革。

首先，银两因产地的不同，其成色也存在着

随着经济发展，钱庄的业务范围也在不断扩大

一些差异，这就影响了交换时的价值。而银两作为一种货币，又分为大锭、小锭、碎银等多种形状，以用于不同的场合。所以，需要有专门机构来从事这些事务。钱庄也就逐渐发展为从事银两的成色鉴定与熔铸的金融机构了。

接着，钱庄又开展起了银票的发行业务。钱庄发行银票大约始于清朝雍正、乾隆之际。当时，中国社会经济再度获得发展，大量的货币往来使银两的称量、制钱的清点工作更为繁重。于是，一些有实力的钱庄便利用自身的信誉和影响，发行一种可代替银两或制钱的用于支付的票据，这种票据就是银票或钱票。

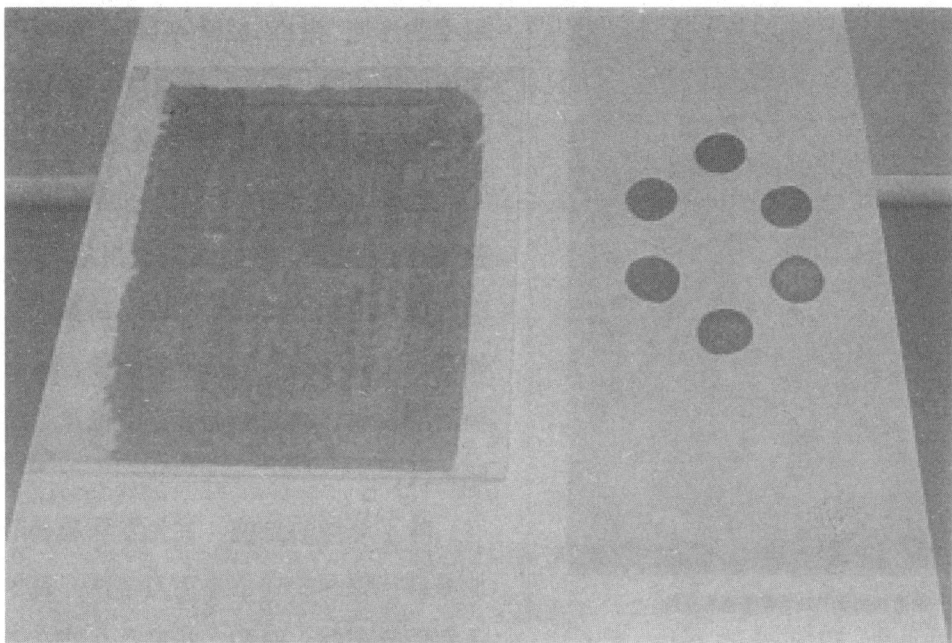

古铜币和纸币

到了近代，随着社会经济的发展和整个金融业的发展，钱庄的业务也更加丰富，一些大的钱庄开始从事存放款业务，发展成为当地重要的金融组织。但是，直到近代以前，钱庄仍然只是一种货币的鉴定和兑换机构，尚不具有近代金融机构的性质。

随着中国开放程度的加深，钱庄的发展更多地受到了外来先进资本主义国家的影响，开始了如发行庄票，衡量利率的洋厘、银拆，经营存放汇、贴现等其他信用业务。

（二）钱庄的主要活动与业务

钱庄最主要的业务就是货币的兑换，是指

兑换是钱庄最早也是最基本的业务

将纸币、制钱、白银等相互兑换，以方便人们从事商业活动或是结算。兑换是钱庄最早也是最基本的业务，随着经济的发展，钱庄的业务范围也在不断地扩大。

除了单纯的兑换，首先发展起来的业务就是银两的成色鉴定与熔铸。就像上面所提到的，银两之间也存在些许差异，交换时多有不便。因此，很多钱庄开始试着把鉴别银两、铸造银锭等业务纳入自己的经营范围，尤其以南方的钱庄发展得最快。所以，在北方地区，又有银号的存在。银号，又称炉房，多是由原来的首饰制造铺发展而来的，由于有着制造金银首饰的技术，进而承担了当地银锭的铸造业务，其中一些便发展成为专门从事银两兑换、成色鉴定及银锭铸造的专业金融机构。这里还需要补充一点：发展到后来，钱庄已和银号没有太大差别了，只是地区之间叫法不同而已。

银票的发行也是钱庄的主要业务之一。银票又称"庄票"或"钱帖子"，即写有具体钱数额，可代替实有银钱用于支付的一种票据。凡是银票的持有者都可在一定范围内直接用票进行支付，省去了使用现银或现钱时搬运及清点的麻烦。如果持票者需要用现

山西平遥古城协同庆钱庄

银或现钱，可以凭借票据到钱庄兑换。在一定程度上，银票有着与现银或现钱同等的价值，而其制造又极其简单，携带、交换也十分方便，因此非常流行，甚至有资料记载，当时有些银票的使用范围已经超过了一城一地，具有了异地支付的功能。

到了近代，金融业发展，加之资本主义势力入侵，钱庄也有了更丰富的业务活动。

洋厘和银拆，就是近代钱庄两种独特的

山西平遥古城协同庆钱庄

经营方式。洋厘，即以银两表示银元市价。以银两为计算标准利率的叫银拆，以银元计算的叫洋拆。它们都是钱庄同业之间互相拆借的利率，一般由后期发展起来的钱庄同业公会操纵。这样就使得利率得到了统一，钱庄的经营也就更加丰富且合理化了。但是，民国初期，银元行市逐渐统一，所有钱庄均以银元为本币，全国通行，洋厘和银拆的业务也就不再使用。

山西平遥古城协同庆钱庄

钱庄还经营存放汇、贴现、兑换及其他信用业务。钱庄多吸收商人存款，并代收票据；政府公款也有一部分存入钱庄，这些都是钱庄的往来存款。所经营的放款有信用放款、抵押放款、短期有息贷款等，放款的主要对象是商号，尤其是刚刚起步的商号，在这方面，钱庄对当时民族工业的发展起到了积极的推动作用。贴现是指远期汇票经承兑后，汇票持有人在汇票尚未到期时在贴现市场上转让，受让人扣除贴现息后将票款付给出让人的行为。贴现是钱庄发展到民国时期，贸易发展、贸易范围扩大的产物，也是钱庄后期的业务之一。民国初期，钱庄的汇划业务也迅速发展起来，汇划是钱庄同业间收付票据，不

山西平遥古城钱庄账房

必一一收解现款，每日于一定时间、在一定场所互相交换各自所出之票据，划抵现款，结算尾数。

此外，有些钱庄还经营金银买卖，鉴定金币、银元和各种金属货币的成色、重量和真假，并核定价格。甚至一些资本雄厚的钱庄还下设或控制着金店、银楼的经营和买卖金银饰器。

（三）钱庄与外国银行和洋行的关系

到了近代，原本封闭的中国被迫开放，外国势力涌入，中国依然处在原始金融业的阶段，自然受到了外国银行和洋行的深刻影响。帝国主义对华商品输出，是通过洋行和买办进行的。

洋商为了在中国大量推销商品，掠夺原料，就利用遍布全国各城镇的钱庄。钱庄由于规模小，势力弱，为了生存并力求扩展业务，也不得不与洋行或外国银行建立业务联系。而洋商与钱庄的相互联合，促进了钱庄的发展，特别是对外通商口岸的钱庄，必然为外国洋行和银行所控制，不可避免地和它们具有较为紧密的联系。

　　钱庄的老板一身二任兼当买办。买办，原是指外国商船办理日用品的采购员。后来指为外国资本家在本国市场上服务的中间人。外国银行和洋行都实行买办制度。

钱庄最早始于明代嘉靖年间

古代货币

外国银行和他们的买办定有契约，规定买办的业务范围、应得利益、应付责任以及担保事项等。钱庄与外国银行或洋行的业务往来如收付庄票、鉴定金银、买卖汇票、款项拆借等均要通过买办之手。这样，买办必须对钱庄的业务有充分的了解，他们大多是钱庄的老板或是钱庄里的人员。所以，这些人就身兼二职，既是买办又是钱庄人员，把钱庄和外国银行联系起来。

钱庄与外商的联系还体现在钱庄托庇于租界。这一点在上海最突出。上海的钱庄早先活跃于南市，自从北市被辟为租借，北市

山西平遥古城协同庆钱庄房屋雕刻

的钱庄迅速增加，南市则逐渐冷落。这不仅仅是由于投资钱庄者为躲避国内人民革命的风暴，而且因为北市更便于吸收存款、勾结外商、进行投机活动。也因此越来越多的钱庄迁往租界以寻求和外商的联系。

平遥古城街道

钱庄通过外国银行融通资金，支持国内商人进口洋货、输出原料。钱庄向外国银行融通资金的工具是庄票，随着贸易的发展，社会要求钱庄提供更多的资金，钱庄自有的资金不足，无法应付，需要借入资本补充，而外国银行因为在中国

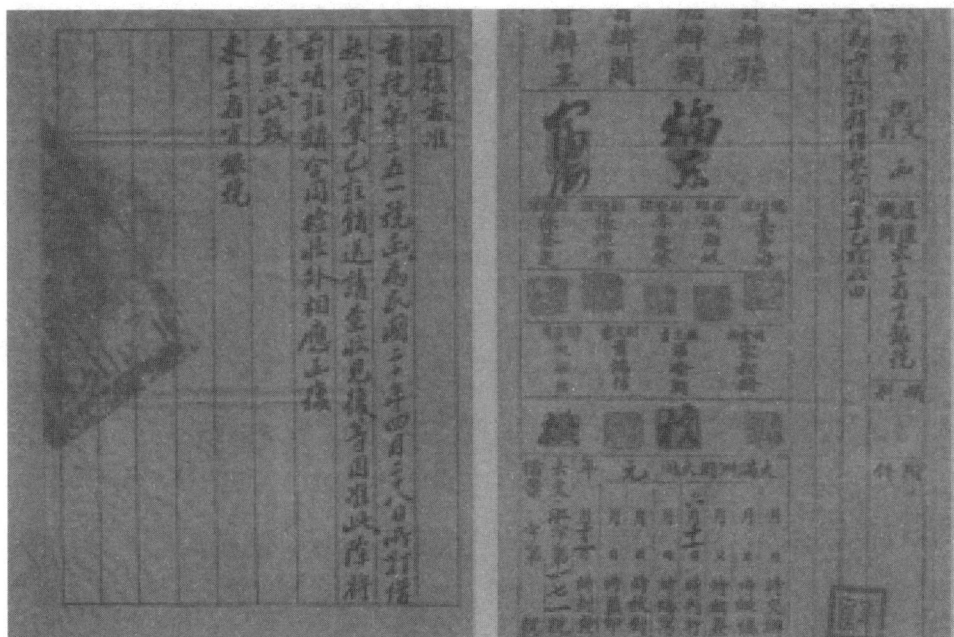

吉林永衡官银钱号稿

吸收存款、发放钞票，自然有多余的资本可供贷出。这样钱庄进一步依赖外国资本，外国银行也因此加强了对钱庄的控制。由于钱庄和外国银行拆借关系的建立，洋行就可以把收到中国商人来往的钱庄庄票存入外国银行，委托银行代收，中国商人收到洋行签发的支票也可以送到自己开户的钱庄，请钱庄代为收款。外国银行就是这样和钱庄相互联系的。实际上，钱庄需向外国银行通融资金，加上洋行与中国商人的商品交易清算都要通过外国银行和钱庄建立起来的清算网，这也就表示外商甚至有可能控制整个中国金融市场。

山西祁县老街一景

钱庄又是通商口岸洋行和内地商人之间的联结器。例如，洋货进入中国的西南省份或是西南的土特产品出口，都要借助于四川商人之手。而四川商人之所以有这样的力量就是得助于汉口、上海的钱庄。汉口、上海的钱庄又都和口岸的洋行相连接。在这中间，钱庄也就充当了洋行和内地商人的中介。

与其说是钱庄与外商、外国洋行、外国银行有着紧密的联系，不如说是外国资本家想方设法进入中国市场，赚取中国资本，进而控制整个金融业。

（四）钱庄的衰落

钱庄是顺应时代的发展而产生的，当岁月的齿轮碾过那个特殊的时代之后，钱庄脱离开了它赖以生存的特定历史环境，它的衰落是历史的必然。

作为一种旧式的原始金融机构，钱庄从产生之时起由于自身发展的局限，也就为以后更大的发展埋下了隐患。发行银票是钱庄的主要业务之一。而银票本来是银钱的替代物，每一额度的银票，就代表着等量银钱同等的价值。但是，由于银票可以直接进入流通，而不须与实有银钱一一对应，钱庄便利用这一特点，超出其实有资本量进行发行，造成了银票的虚拟化现象。当时的很多钱庄，实际拥有的资本不过几千两白银，而发行银票的价值，却多达数万两白银，甚至一二十万两。虚拟支付大大超出了实际支付能力，再加上钱庄授理贷款业务主要注重人的信用，不重抵押或保证，一旦遇到意外，贷款收不回来，便要倒闭。在清末的十几年里，钱庄就发生过两次重大的倒闭风潮。

第一次倒闭风潮是光绪二十三年（1897年）发生在上海的"贴票风潮"。当

钱王祠

时因贩卖鸦片利润丰厚，市面现款缺乏，贩运鸦片的商人就重利向钱庄借款，钱庄供不应求，就用倒贴现钱的方法吸收社会存款贷给商贩。起初仅仅是少数的钱庄经营，贴票到期也能如数兑现。后来因为利用这种方法吸收存款容易，而且又能从鸦片商那里获得高额利润。专营此项业务而开设钱庄的人越来越多，甚至有在弄堂口粘贴牌号开张经营的。也正是这样，投机的奸商们利用人们贪图厚利的心理，便趁机抬高利率，骗取大量存款，到期不能兑现，于是便纷纷倒闭。这一次的倒闭风潮，波及范围很广，凡是经营贴票业务的钱庄几乎无一幸免。

山西平遥古城钱庄

第二次倒闭风潮出现在 1910 年，被称为"橡皮风潮"。风潮的起因是当时有一个叫麦边的英国人在上海开设了一家"橡皮公司"，大造舆论，鼓吹经营橡皮可获巨利。在他的鼓动下，商人争相向钱庄借款来购买橡皮股票，钱庄本身也投入了巨资，于是橡皮股票上涨了二十多倍。此时，麦边趁机将股票全部抛出，卷款潜逃。这时商家才知道上当受骗了，顿时橡皮股票一落千丈，成为废纸。投资橡皮股票的商

平遥古城民居

人纷纷破产，钱庄也受到了巨大的打击，借款收不回，自己也亏了大利，接连倒闭的就有几十家。

虽然这两次倒闭风潮并没有使钱庄没落，但还是受到了很大的影响，此后，钱庄的势力便慢慢开始衰落。

辛亥革命后，清朝灭亡，原有的很多旧体制也都一一衰落，各种新势力进入市场，钱庄的发展更是举步维艰，逐渐走向瓦解。

在民国时期旧式钱庄衰落的主要原因有：

1.现代银行业不断发展，四大家族垄断金融市场。仅以上海为例，当时全市有钱庄四十八家，而同时有官、商银行八十九家，总分机构一百八十三处。资本总额是钱庄资本总额的 13.4 倍。钱庄的业务受到了很大的限制和排挤。

2. 帝国主义经济侵略加深，导致中国农村经济破产，内地钱庄常因农村放款收不回来而影响资本周转，歇业倒闭的事情时有发生。

3. "废两改元"后，严重削弱了钱庄操纵金融市场的能力。兑换和"洋厘"是钱庄的主要业务，当货币统一后，这两项业务也就不再需要了，钱庄的生意因此受到了很大的影响。

常家庄园福禄寿像

介段。ᅵ

4.帝国主义势力的干涉。帝国主义无论是和钱庄联合，还是投资钱庄，其最本质的目的仍然是控制中国市场，当中国的金融业受创时，它们往往是撤走资金、落井下石。当倒闭风潮和金融危机发生时，许多外商扶持的钱庄纷纷倒闭。

（五）上海钱庄的势力

钱庄的分布在中国是很广的，几乎遍布于每一个地区。而在所有钱庄中，上海钱庄却有着其特殊性，它的势力对全国的金融业都有着举足轻重的影响。

上海的钱庄大多由江浙大财团控制，他们的势力范围很广。上海钱庄组织可分为两

三多堂

三多堂前元宝石刻

钱庄账局票号

山西祁县老街

大类，通常按业务性质和信用能力，分为汇划庄和一般钱庄。汇划庄称大同行，即大钱庄。汇划庄之间往往有共组的汇划总汇，它们之间的票据收解，可以互相抵解汇划。它们势力很大，甚至有左右市面的能力。

钱庄因投资者和经理的籍贯不同，形成钱庄中的地区帮派，上海就有绍兴帮、宁波帮、苏州帮、松江帮、浙江南浔帮、镇扬帮、安徽帮及本帮（上海帮）等九大帮派。他们的势力都很大，而且相互之间都有着紧密的联系。辛亥革命后，国家银行和商业银行在操纵金融市场的时候，还得拉拢和利用上海钱庄。我们可以从以下几项业务活动

周庄沈万三牌位

中看出上海钱庄对上海乃至全国金融市场的影响。

1. 钱庄操纵着上海的货币兑换。民国时期，上海已成为全国的金融中心和商业中心，对全国各地的贸易往来都很频繁，汇划、换算、洋厘、银拆等营业项目都占优势，上海钱庄便利用复杂难测的兑换内容，从中盘剥渔利，从而垄断了市场。

2. 上海钱庄在外商华商之间，以庄票为经营进出口贸易的纽带。庄票如同现金，是早期外国银行唯一认可的中国票据，在外国银行贷款调控支持和洋行买办的牵线下，担任买办性工作，成为外国银行向中国内地渗透的工具。

3. 有左右上海商界的力量。钱庄和商家关系密切，通过存、放、汇、发行庄票和兑换等业务，对商家融通资金、算清账务有着很大的影响，使其得以灵活周转，持续经营。所以钱庄已经成为控制上海商家的一个重要因素。

钱庄的产生是历史发展的产物，它的业务活动和发展进程都对我国商业发展有着巨大影响。可以说，它是那个时代的重要标志之一。

钱庄账局票号

二、中国近代金融业发展的飞跃——账局

清代中后期，中国的金融业获得了长足的发展，虽然钱庄在当时已普遍，而且也有了灵活多样的经营形式，但如果按近代银行的标准来衡量，其标志性的三大业务，即吸收存款、向工商业发放贷款以及进行跨地区的兑换，在当时的中国还尚无一家金融机构来专门从事。账局的出现，填补了这一方面的空白，它将中国金融业的发展，推到了一个新的阶段。

　　所谓账局，就是放账之局，兼营吸收存款，是以经营存放款为主要业务的一种金融机构。与当时已有的金融机构，即当铺、钱庄相比，它是以向工商业发放贷款为主要特点的，已具有了近代银行的色彩，所以，它才是中国近代

晋商钱业展台陈列

钱庄账局票号

平遥日升昌底账

银行的起源。账局的产生、发展与商业的发展和借贷问题等都紧密联系，账局的衰落也和新的金融机构的出现及当时动荡的社会环境有关，而它的歇业也在工商业界引起了一连串连锁反应，导致了整个市场的萧条。另一方面，作为账局的集中地区，张家口的发展又和汉蒙、中俄之间的贸易往来有着莫大联系。

（一）账局的产生和发展

账局，大约产生于清代雍正、乾隆之际的中国北方，集中分布在京、津、张家口、太原、多伦等商业城市，经营账局的大多是山西商人。账局既是中国金融史自然发展的产物，也是当时中国北方商业经济出现特殊运行轨迹的结果。

中国古代的信贷机构，一般都具有高利贷性质。需要借贷者支付高昂的利息，如果将这种资金用于工商业的经营，所获得的利润就都会以利息的形式归于信贷机构，常使工商业者一无所获。所以，中国古代的信贷机构，只能服务于消费性需要，满足人们生活中遇到的资金急需，而不能被工商业者所接受。

明代以后，由于中国金融业获得了较大发展，其行业的相互竞争也日益激烈起来，这就使得信贷的利息出现了普遍下降的趋势。甚至还出现了典当值越高，利率越低的现象。同时，明代中后期以后，我国商品经济发达，这使得商家需要更多的资本来周转业务。另一方面，金融业的发展，也迫使金融业内部竞争激烈，借贷资金去寻找新的借贷对象创造商机，从而找

山西平遥古城"日升昌"票号的兑票

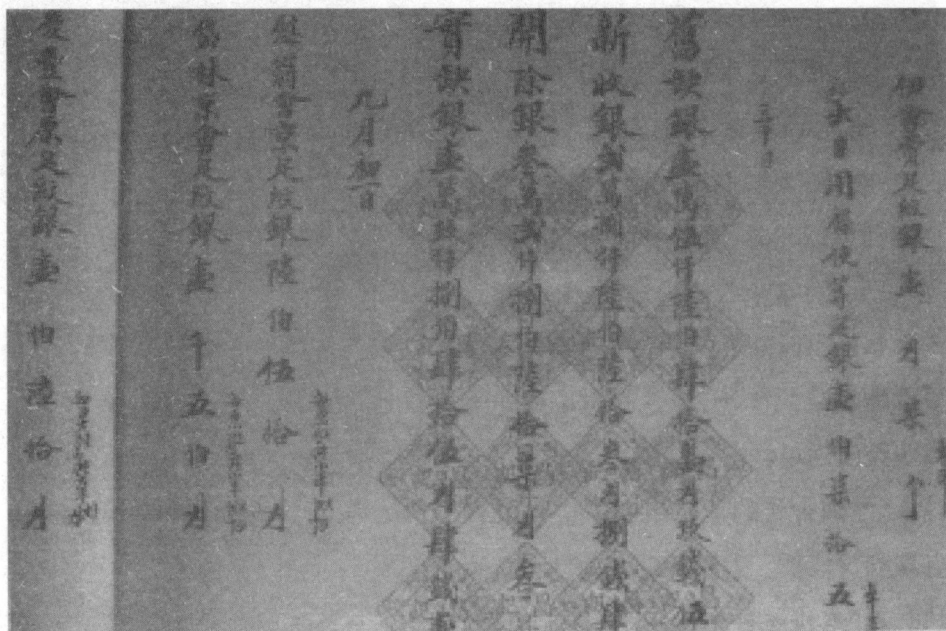

珍藏的账本

到新的发展之路。由此账局便应运而生。

早期账局的业务仅限于借贷，而不办理汇兑。但清代自康熙以来，社会生产力逐渐恢复，商品经济的发展促使商品交换在数量和区域上都有明显的扩大。到了乾嘉之际，国内的商品交换日益频繁，特别是商埠贸易的开展，使得不同城市的经济联系更加紧密。在当时，全国性的商业城市已经形成。有所谓"天下四聚"，即"北则京师、南则佛山、东则苏州、西则汉口"。它们与全国各地城市经由商品流通形成经济联系，迫切需要解决不同地区间收解现金和清算债务的问题。先前现金收解往往是依靠商人自己实现，或是镖局

押运的方法解决。到了商品交往日益兴旺的乾
嘉年间，这种运解现金的方式已经不能适应商
品流通区域日益扩大这一客观情况了。于是，
一些原本只经营信贷的账局，逐渐把不同地区
间的汇兑作为兼营的业务承担起来。

到了嘉庆年间，也有一些信誉较好的账局，
利用汇票清算不同地区之间因商业或借贷形成

平遥"日升昌"票号

晋商纸币

的债权、债务关系，但是仍然不是专业的汇兑机构。

（二）账局与张家口、中俄贸易

在明清之际的中国，北方的贸易主要是以张家口为中心的。而账局产生后，又大量分布在张家口，借贷给中俄两国的商人提供了便利，促进了中俄之间贸易的发展。所以，有很多学者认为账局的产生和张家口的中俄贸易有关。虽然今天我们不能完全肯定这一点，但从这一观点中我们也能看出账局与张家口、与中俄贸易的发展有着紧密联系。

张家口原是对蒙防线上的一处关口，汉

钱庄账局票号

老式算盘

蒙互市以后，对蒙贸易逐渐发展。而随着中俄交战，双方签订了《尼布楚条约》，中俄贸易开始，张家口又成为了中俄贸易交往的重地。

根据《尼布楚条约》的规定，俄商每三年来华一次，每次不能超过两百人，经陆路来北京贸易。俄商来华贸易，主要是携带皮货，交换俄国所缺少的中国商品，利用两地产物的不同，通过长途贩运，从中赚取差额利润。

中俄贸易的开展使得俄国商人获利丰厚，于是他们不再满足三年一次的进京贸易，要求扩大贸易规模。在俄方的不断要求下，清政府重新规定，除了允许三年一次的进京贸易外，

常家庄园房梁上精致的雕刻

还规定将恰克图开辟为中俄贸易的地点，中俄两国的商人都可以在此直接贸易。

　　然而，清政府却对中国商人的对外贸易活动采取了限制政策，清廷规定：凡是前往恰克图的商人，必须先向张家口关监督提出申请，由张家口关监督转呈理藩院审查，审查以后，颁发一种所谓的"信票"，持此票才能去恰克图贸易。也就是说，只有在张家口办理过一系列手续之后才能参与中俄贸易。这样，张家口就成了中俄贸易的中转站，然而，恰克图远在中俄边境，距张家口有一千五百公里之遥，由张家口至恰克图，每往返一次，仅途中运输就

需要至少半年的时间，如果再加上从内地组织货源，或是将俄国的货物带到内地销售，以及往返内地的运输过程，贸易商的经营周期就会被大大延长。随着经营周期的延长，成本必然增加，这样一来，对贸易商而言，则只有两种选择：或者是缩小经营，或者是向金融业寻求贷款支持。而中俄贸易的丰厚利润，使商家都选择了借贷来发展业务。因此，账局应运而生，尤其以张家口发展得最快。

张家口既是账局最先产生的地区之一，又是其集中发展的地方，它的产生和发展也大大促进了中俄的贸易往来，为当时的经济

平遥日升昌

发展作出了很大的贡献。

（三）账局的业务与影响

关于账局的具体运作，一位对账局业务很是留意的清朝官员曾作了以下描述："闻账局自来借贷，多以一年为期。五六月间，各路货物到京，借者尤多。每逢到期，将本利全数措齐，送到局中，谓之本利见面，账局看后，将利收起，令借者更换一券，仍将本银持归，每年如此。"

由上面这段记载，我们可以知道：第一，账局借贷以商业经营者为主要对象，因此才出现了到了每年的五六月份，当各地商人将货物集中在京城时，借贷的商人尤其多。由此例我

们可以看出，账局借贷和商业经营之间有着密切的联系。第二，账局借贷与商业经营因季节的限制，有着淡、旺季的差别，因而账局借贷也有淡、旺季的差别。比如在京城，每年就以五六月份为账局借贷的高峰。第三，账局借贷期限，多以一年为期，以适应当时一般的商业经营周转需要，如果到期后想要续借贷款，必须将本利全数凑齐，等到账局确认了其偿还能力之后，再重新办理借贷手续，开始新一轮的借贷关系。

清代人物蜡像

中国近代金融业发展的飞跃——账局

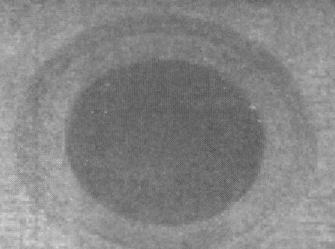

账局的借贷对象，除了最主要的工商业经营者之外，还有以下两类：一是当铺、钱庄等其他金融机构。虽然这类局铺本身也从事借贷，但其中资本较小的商业组织，也往往需要账局提供融资，以维持正常的运转。二是各级官员，尤其是候选官员。按清代的规定，候选官员获得官缺，需要长期等待，等到获得了官缺，往往已盘缠用尽，需要借贷上京赴任。一些达官贵人为维护门面，有时也靠借贷应急。此类贷款者一般所需甚急，往往会不计代价，放贷者也就放手盘剥。而且账局多设在华北，有的账局还利用这一点，向蒙古王子放贷。这类贷款，是账局经营中获利最高的一个项目。

大德通票号

　　由账局的业务活动和具体的运作，我们不难看出账局借贷业务对当时的经济及其他领域都有着很大的影响。

　　1. 账局作为一种专门从事借贷及埠际之间兑换的金融机构，它的产生促进了当时商品经济的发展。账局的借贷功能使得工商业者可以将更多的资金投入到经营中去，这就为工商业以及刚刚起步的小本经营者的发展提供了更大的空间，增加了商

当铺旧址

业竞争的活力，从而促进了商业的发展。而同时商业的发展也促进了账局的发展，正是它们的彼此促进，从而也推动了当时经济的繁荣。

2. 账局的崛起也带动了其他金融机构的发展，同时也影响着它们的运营。账局的借贷对象不仅限于工商业，当铺、钱庄等其他金融机构也是其主要贷款对象。这些组织虽然自身也经营存放款业务，但是，其中一些资本较少或是临时遇到紧急情况需要资金周转的，也常常会向专门从事借贷的账局借贷，以维持运转。这样，很多的当铺、钱庄都可以通过账局的资金而发展壮大，账局的产生在一定程度上促进了金融业的发展。但同时，由于当铺、钱庄对账局有着依赖关系，因此，当账局因某种原因抽回资金时，便会导致此类机构的经营中断。必然在工商业内引起连锁反应。

3. 加速了国家资本的集中。还有很多官员、达官贵人也从账局借款，用来充门面或是投资发展家族事业甚至是买官卖官。这样一来，原本就富裕的官员、地方乡绅势力越来越大，从而加重剥削百姓，加速了国家财富的集中，使得贫富差距越来越大。这也是账局发展到后期的一个消极影响。

总的说来，账局的产生标志着我国金融业的发展进入了一个新的阶段，它的产生不仅影响了金融业的发展，而且还左右着市场

老式算盘

钱庄旧址

的盛衰、国民贫富的分化。账局的产生和发展在我国近代历史上有着特殊的意义，需要我们格外关注和重视。

（四）账局的衰落

账局经过了雍正、乾隆两朝的发展，到嘉庆年间达到了鼎盛时期，可是随着社会的不断发展、金融行业的竞争愈演愈烈，从咸丰末年到民国初年，账局进入了衰退期。

先是道光年间，票号产生，由于票号开展的兑换业务适应了当时商业经营的需要，且资本雄厚，所以虽然家数并不是很多，但影响十分巨大，使账局原有的金融地位遭到削弱。而且, 票号发展起来之后, 逐渐涉足存放款业务, 原先一些旧的金融机构, 例如钱庄, 也纷纷开展存放款业务, 这就形成了存放款市场争雄的形势, 账局作为市场借贷中心的局面便一去不复返了。为了适应形势的变化, 一些账局也开始扩大业务范围, 向票号学习, 增设分支机构。然而, 账局家数虽然多, 资本额却相对集中, 所以当票号兴起后, 账局的影响力远远不及票号, 难以再争回市场。

而剧烈的社会动乱, 是加速账局衰落的又一重要原因。中国进入近代以后, 社会动乱日益频繁, 即使是京畿之地, 也难免受到动乱的影响。先是庚子事变, 八国联军侵入

晋商用过的图章和秤

中国近代金融业发展的飞跃——账局

孔祥熙故宅

北京，大肆进行掳掠。剧烈的社会动荡，不仅使京津地区的工商业受到重创，而且由于新式银行加入竞争，使得账局的生存条件更加恶劣，日益走向衰败。接着是民国元年，北洋军阀的胡作非为，使北京市面再受重创，更加加速了账局的衰落。

三、中国近代金融业发展臻于成熟——票号

常家庄园内精致的雕刻

票号，即以异地款项汇兑为主要业务的金融专营机构，后亦办理存放款及委托代理等业务。因其最早且多由山西人创办，故也统称为山西票号。票号的产生，是中国金融史上的一件大事，它标志着近代金融业的三大基本业务——存款、贷款、汇兑，中国金融机构已全部具备，而且也表明中国近代金融业发展臻于成熟。票号的发展轨迹固然是我们需要关注的，但票号的产生发展除了和广阔的时代背景有关外还和清政府有着千丝万缕的联系，所以，当我们谈到票号的时候，目光也就不能不落到票号和清政府的关系上。另一方面，作为较为成熟的金融机构，票号制度也值得我们研究与探索，资本的招集、员工的管理、经营的理念都是我们古老民族发展史上值得纪念的一抹艳丽色彩。钱庄、账局和票号虽然看起来相似，却又有着不同的社会功能与影响，它们的异同与联系也需要我们耐心地加以比较。

（一）票号的产生和发展

票号产生之后，曾称雄中国社会将近一个世纪，对当时中国经济的运行产生过重要的影响。但是，关于它的起源，却有着多种说法。

一种说法是票号起源于隋末唐初。这种说法是把我国古代的"飞钱"看做是专营汇兑业务的开始。"飞钱"是早期的一种汇兑方式。当时商人外出经商携带大量铜钱有诸多不便，于是便先由官方开具一张凭证，上面记载着地方和钱币的数目，之后持凭证去异地提款购货。此凭证即"飞钱"。"飞钱"本身不介入流通，不行使货币的职能，因此不是真正意义上的纸币。实际上"飞钱"只是一种货币的汇兑方式，

三多堂一角

晋逢德票号

与票号专门经营汇兑性质不同，而且当时的商品经济并不发达，没有达到对汇兑业务强烈需求的程度，"飞钱"也只是断断续续地存在了十几年而已。所以，唐朝时产生"飞钱"并不能说明票号在那时就产生了。

另一种说法认为票号产生在明末清初。这种说法也很具有传奇性质。据说，明末清初闯王李自成被清军击败后，在逃往山西的路上，为了减轻行军负担，将所携带的金银掩埋于一户姓康的人家院内。后来，康家就利用这笔钱创办了票号。这个传说经考证也是不可信的，主要是因为在山西经营票号的人中根本就没有姓康的，而且这些只是口耳相传的故事，史料上直到清代中期也没有关于票号的记载。

现在最为准确和最为广泛接受的说法，是最早的票号由山西平遥人雷履泰创办，产生于道光年间。

票号的产生也有它特定的时代环境。

首先，道光年间，我国的商品经济已经有了进一步的发展，商品交流的规模、范围都在不断地增大，经济活动已远远超出了地区的限制，全国性的贸易也发展起来。这就向金融业提出了新的要求，需要解决现金携

乔家大院一景

祁县大德通票号

带及账务的清算问题，于是，专营埠际汇兑的金融机构——票号便应运而生。

其次，汇兑的产生和发展还有赖于近代通信系统的出现。中国的驿站制度虽然早就产生，但一直为官方所用，民间无法利用。直到嘉庆年间，民间通信系统即当时的信局才出现，这才为不同地区间的汇兑提供了便利的条件，票号由此得到了发展。

票号开始经营时只是经营以汇兑为主的金融业务，随着商业的发展，票号也投资其他商号，有的较大的票号也直接兼营货物买卖。不过，兼营其他业务只是票号的一种投资，并不是其主要业务。但这却能反映出票

钱庄账局票号

054

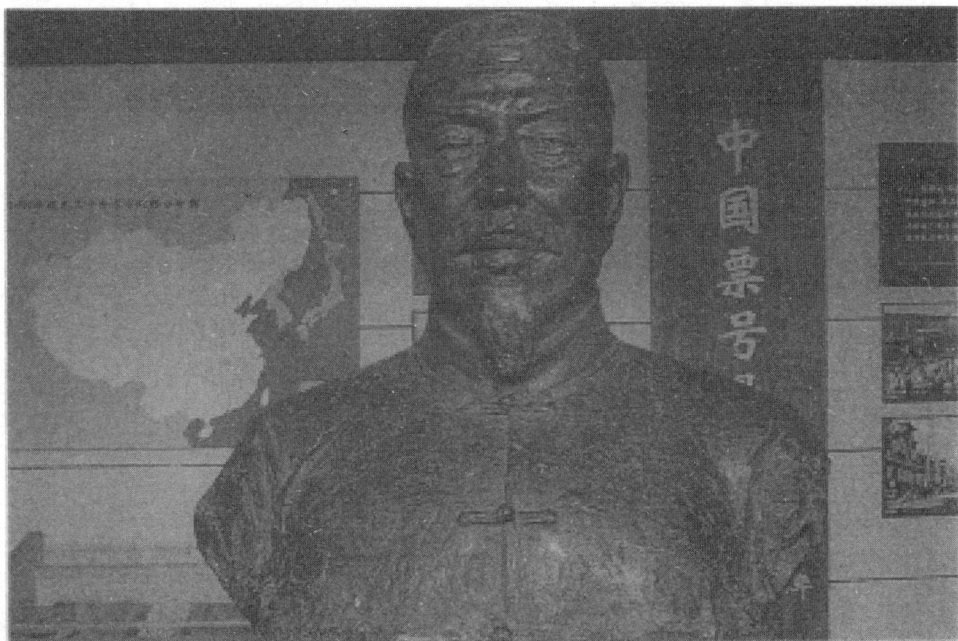

"日升昌"创始人雷履泰雕像

号的发展，扩大了经营范围。

票号在19世纪50年代左右进入了发展的高峰，和清政府建立起了联系。甚至承担汇兑清政府卖官鬻爵的捐款，对政府进行财政贷款。票号虽然在那时进入了它的黄金发展阶段，但随着太平天国运动的兴起，票号也逐渐走向了衰落。

（二）票号的功能和制度

票号的产生代表着我国近代金融业发展到了成熟阶段。它的业务和功能也越来越类似于今天的银行。大体上，票号有以下四种主要业务：

"日升昌"后院悬挂着光绪皇帝所赐的匾额"汇通天下"

1. 汇兑。汇兑是票号最主要的业务。汇兑的方法是由汇款人将需要汇的金额交与票号，并把需要汇往的具体地点也告诉票号，票号马上把汇票寄往需要支付地的分号，转交给收款人。然后收款人就可以凭借汇票随时到票号去取款了。依照票号的规定，凡是取款人取现金时，票号都要从中扣取一部分作为利润。

"日升昌"信房牌

2. 存款。票号运用的资金，除了自身原有的资本外，还有一部分是存入的款项。这项存款，大都是官府的公款，如税款、军饷等。在户部银行产生以前，清朝没有国家银行，所有的公款，在京城就存在国库中，在地方就存在藩库里。票号的老板往往与官员相勾结，使他们暂时将公款存

"日升昌"票号内景

在票号里，这样，暗地里官员们能获得不少利益，而票号也能利用国家的钱来发展自己的经营。此外，还有很多官吏的私人存款也存在票号。至于普通商人，因为票号的利息比钱庄低很多，所以都不愿投存。

3. 放款。放款虽然也是票号的业务之一，但却不太受重视。所以如果不是资金停滞，票号大多不愿放款。而票号的放款对象也是以钱庄为主的，商铺和官吏排在其次，平常人则无论应允多大的利润也不会被轻易允许的。票号放款的期限通常分为短期和长期两种。短期的放款，以一个月、两个月或三个月为期限；长

票号业务蜡像

期放款则以一年为期。放款的利息并不是一定的，一般要依金融状况来定，当然也看借款人的身份，如果放款给官吏，利息就会高点。

4. 发行小票等其他经营。票号发行的一种临时便条叫做小票，取款时，凭票付款，认票不认人。小票一般在北京发行较多。另外，票号有时还兼营办货作为副业。

作为一种较为成熟的金融机构，票号的很多制度都是值得我们关注的，很多制度沿用至今。

首先是资本召集，票号均采用股份制度。通常票号都是合资经营，即使是某一个家族

后院的正房是大掌柜和二掌柜的起居之所

独办，也往往由家族内不同的门户共同出资。因此，为了明确利益，必须采用股份制度，以便于分红时结算。在责任方面，他们采取的是和中国传统商号一样的无限责任制，就是说，无论此家票号的资本多少，一旦出现负债，票号股东有以全部资金进行偿付的责任。从这方面来看，票号仍然延续着传统的方式。

票号对于员工的选拔和管理也有着非常严格的制度。票号选择员工一般都需要有人引荐，引荐后也还要经过简单的考核。一般先询问一下家庭身世，以防为人不正或有不好的遗传；接着还要测试智力和文字，以判断被测试者的能力。新员工进入票号后还要经过一段时期的培训，才能独立从事工作。在培训中表现较差的员工也是有可能被开除。即使是通过了培训的考验，在日后的工作中，也要随时接受考核。除严格的考核外，对表现优异的员工也要给予提升，很多票号的经理人都是从普通员工晋升而来的。

票号的经营方式较之钱庄、账局都有了很大的进步。票号主要经营的是汇兑，汇兑有票汇、信汇、电汇三种。通常用得最多的是票汇的方式，不过为了防止伪造，票号有很多防伪手段。如讲究印制，每个票号都有自己与众不同的汇票，包括图案、字体都有

清代钱庄

常家庄园砖雕

严格的讲究。还有就是附加暗号，暗号一般加于汇票之后，主要是月日与银数，以类似密码的特定方式书写，并且数年一变，以防泄露。

这些管理方式，在今天看来也并不落后，尤其是票号的经营者往往最注重诚信，他们都严守行业的规则，当出现了债务时，即使是倾家荡产也会全额赔偿，正是因为这样，票号才在我国金融史上存在了一百多年。

（三）票号与清政府的关系

进入近代以来，中国不断受到外国列强的入侵，各地又纷纷爆发农民起义，清政府遇到了前所未有的窘境，内忧外患，国库吃紧。清政府为了弥补亏空而增加税收，举借内外债，这些款项大都经过票号之手，并且依靠票号将款项从各地汇拢起来，输往京师户部、西北、西南用兵之地和洋务织造所，融通转运。渐渐地，票号几乎成了清政府的财政支柱。

1. 代办捐纳、印结，为清政府筹措财政经费。捐纳，即是以钱来买官卖官；印结，是一种签有印鉴的保证文书，亦用作买官之用。太平天国运动失败之后，清政府出于财

政需要，大肆推行捐纳制度，票号代办、代垫捐纳、印结就成了经常性的业务。穷酸寒士为了登上仕途，请票号代出捐纳来谋取官缺。票号除了从中赚取汇费外，还要收取各种小费，并能代理其辖地的金库，扩大票号的营运资本，并能取得官吏的保护，一举数得。清朝中后期票号实际已经成为捐官制度办事结构的组成部分，对清政府的财政聚敛起到了一定的推动作用。

2. 票号为国家汇兑公款。国家公款的汇兑一直都是清政府所争论的问题，为了管理方便，在票号发展起来以后，户部就把税款以及其他款项的汇兑交给票号，票号也就充当起了

入号考核必须穿戴的铁帽

清政府税款的解缴机关。

3. 票号借款给清政府,解救清政府的财政危机。按照清政府的规定,中央政府经费及各种专用款,均由户部与指派的各省关将税款直接押运至用款地方。但是由于各省关收入困难,而用款单位又经常催得过急,各省关就不得不向票号借款。在这一方面,票号的确为清政府解决了很多燃眉之急,例如镇压各地起义的粮草钱款多数都是由票号垫借而来。

4. 票号还代理部分省关的财政金库。票号最初代理的只是少数省关,后来各省相互效仿,以致送往京城的税款均由现银改成了

北京南锣鼓巷万庆当铺

"日升昌"票号旧址内院

汇票。究其原因，第一，政府的财政愈发的困难，各省乃至京师常常需要向票号垫借。第二，捐纳制度所促成的官吏与票号勾结，互相利用，官员存公款于票号，既可以在财政不足时请票号垫付，也便于个人将搜刮所得汇回原籍。票号也赖公款的存入来扩大资本，贷放方便，获利丰厚。此外，票号每当资金周转发生困难时，还发行银两票，对清政府的财政也起了一定的支持作用。

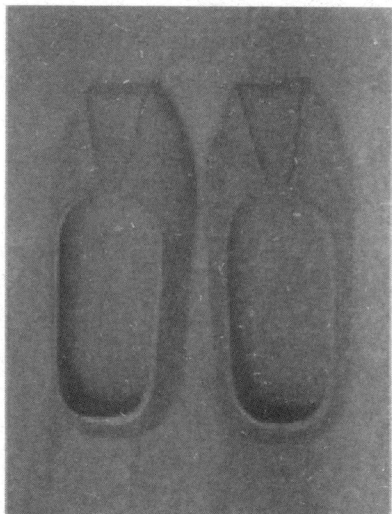

入号考核时必须穿的铁鞋

票号汇兑很大程度上缓解了清政府的财政困难，为清政府对全国金融进行宏观调控助了一臂之力，而且汇兑也适应了当时京师和地方的财务调剂。所以，清政府无论是权宜之计还是顺应商品经济的发展，都与票号产生了无法割舍的联系。而票号也借清政府而不断发展，实际上，它们之间无非是相互利用罢了。

（四）票号的衰落

票号与清政府相勾结使得票号迎来了自身发展的高峰，但同时也埋下了隐患。到光绪末年，票号就开始趋向衰落了。总的来说，这主要是因为它的发展是从鸦片

清代晋商商路示意图

"日升昌"办公场所

战争以后担当中国金融市场中汇解现金的角色开始的，后来转变为清政府腐朽政权的财政支柱，参加了封建经济的剥削。因此，票号的经营中也表现出了某种寄生性，到最后必然会趋于衰落。而进一步的现代化也使得票号慢慢被历史所淘汰，票号的衰落具体有以下原因：

1.交通改革的结果。火车和火轮船通行于各商埠，缩短了各地的距离，商人往来更方便，再加上银元的流通，即使是大宗的款项，也很容易运送结算。由于交通的便利，票号已经不是必须的了。邮政、信局也开始办理汇兑，抢走了票号的一部分生意。

2. 新的金融机构的出现。清末国家银行如户部银行、交通银行等，及各省官府银号相继成立，从前票号所做的国库及官府的生意少了一大半。各地民营银行和钱庄、银号对于存款加利，对于汇兑则减少了收费，票号的生意被剥夺了不少。外国银行也纷纷开始经营国内汇兑，吸收存款。这些都使得票号大大亏损。

3. 遭受辛亥革命的打击。因为票号的繁荣是依附清政府和官僚得来的，一旦清朝灭

"日升昌"办公场所陈设

"日升昌"票号

亡、官僚失去势力，票号也就无所凭依，自然不能继续存在。

4. 恶劣的金融环境对票号的影响。清代币制相当混乱，当时银两和制钱并行流通，作为法定的货币制度，这本身就是一种不完整的体系。清政府对制钱的铸造管理得很严格，而对银锭、银块却不加干涉，因此，银的成色、重量也因铸造的时间和地区而有所不同。而且，清政府滥发宝钞、广铸大钱，导致恶性通货膨胀。在这种恶劣的金融环境和社会环境下，以商业为根基、以金融为命脉的票号，势必受到种种不利影响。

5. 内部原因。票号大都是由山西晋商经营的，缺少新意识和改进的勇气，因而也是造成票号失败的一个重要原因。光绪末年，袁世凯任北洋大臣的时候，招揽晋商创办直隶官银号，晋商皆不接受。以后设户部银行，招晋商入股，也没有得到响应。直到大清银行、交通银行成立，所有的官款都存入两行，票号才知道受了重创。

总之，票号的衰落，一方面是由近代历史发展的趋势决定的，另一方面是由于晋商严守旧习、依靠官僚、不知改革、终酿成恶果。

王家大院

（五）票号与钱庄、账局的比较

钱庄、账局、票号可以说是近代金融业的三大支柱。同是在近代资本主义萌芽、商品经济不断发展、对金融业提出了新要求的情况下产生的，都和当时那个复杂的时代有着密切的联系。它们既有很多共同点，也有各自的差别。

同是金融机构，除了产生的背景相似，它们的业务之间还有很多的相同之处和联系。它们最主要的业务都是吸收存款、发放贷款、汇兑，只是钱庄是以货币的兑换为其最主要的业务；账局最主要的业务则

山西祁县老街

亳州钱庄

是发放贷款；发展到票号，它的业务就较为全面了，但票号的经营还是以远程汇兑为主。在很多的时候，它们之间也有着业务的往来。例如，账局放贷的主要对象除了工商业经营者外，还有钱庄等其他金融机构，这些庄铺虽然也从事借贷业务，但是当它们资金额度不足时，也需要向专门从事借贷的账局借款来通

钱庄账局票号

晋商使用的印章

融资金，以维持其正常的经营运作。虽然票号很少承担放款的业务，但是如果当它们的资金滞留又不得不发放贷款时，它们一般会贷款给钱庄或是账局。不仅如此，钱庄、账局、票号在其他方面也有往来，它们往往相互投资、入股、共同商讨汇率等。实际上，无论是哪种经营形式，经过了一段时间的发展，随着贸易范围的扩大，它们的业务也会越来越全面，功能和活动也就越来越相近，但业务的侧重点依然不同。

　　账局和票号也有着密切的关系。因为账局和票号的业务在很多地方都有着相似之处，最早又都是由山西人经营，所以，今天仍然有很多人认为账局和票号有着前后继承的关系。虽然目前我们还缺乏足够的资料来考证，但是，账局对票号的产生的确起到过一定作用。如账局埠际之间的兑换就对票号日后的汇兑业务有着很大的影响，票号的这一业务从账局那里借鉴了很多。

　　虽然同属近代的金融机构，钱庄和票号还是有着很大的差别的。不过，它们之间也有着

山西平遥古城内中国第一家票号"日升昌"

业务的往来。钱庄一般资本都不雄厚，上海钱
庄的资金最多，但一般也就在五万两左右。钱
庄大都没有分支机构，只有少数的上海钱庄在
长江中下游一些城市设立了若干分庄。钱庄不
仅数量多，而且分布广，并与外国银行建立联系。
而票号开设于繁华开放的大商埠和重要码头，
数十家票号通过其全国各地的分支机构，结交
官场，收存官款，资本雄厚，一般只贷给政府

山西平遥古城内"大清金融
第一街"

山西巡抚岑春煊给日升昌送的"急公好义"牌匾

和资金信用好的钱庄、账局和个别资金殷实的商号，对效益不好的商家概不放款。也不直接办理现金出纳，而是常常与数家基础牢固的钱庄订立往来合同，把资金交给钱庄来保管。在未设立分支机构的城市，就委托当地的钱庄代理。钱庄一般从事工商业的放款活动，或代理票号业务，以票号为靠山。自从外国银行入侵，钱庄与外国银行建立起了联系，钱庄就产生了第二个后台——外国银行。不过，一旦碰到银行不拆借，钱庄还是要回去寻求票号的庇护。

四、晋商与中国近代金融业的发展

晋商是中国最早的商人，在中国商界称雄达 500 年之久

因为山西省的简称是晋，所以把山西的商人统称为晋商。在中国金融史发展过程中，特别是在明清时代，晋商曾发挥过重要作用，在中国近代金融业中一度独领风骚，所以，晋商也就成了一个专有名词，一直流传至今。晋商的发展不仅仅是社会发展、适应时代需要的产物，更是近代文化中不可忽视的重要组成部分。晋商的崛起和发展，既得势于天时、地利，又受益于晋商自身的艰苦奋斗，坚毅顽强，及其受中国传统文化熏陶而形成的为人处世、经商致富的理念。所以，晋商的发展给我们讲述的是几千年来在中国文化影响下的商人前行之路。作为近代金融业的三

"日升昌"内景

姐妹，钱庄、账局、票号的产生和发展也与晋商的脚步密切联系着。不仅仅是在传统的钱庄、账局、票号等方面，晋商还在近代金融体系中开辟了很多新领域，如实行股份制、两权分立、防范金融风险、拓展贸易，是他们的勤劳和智慧才促成了中国近代金融体系的形成。然而，清末民初，随着国运日衰、山河破碎，晋商也渐渐走向了衰落。如果说他们的胜利是时代的杰作，那么他们的谢幕也可称为是历史的选择。

（一）晋商的崛起与发展

山西人从很早就开始经商了。这首先得

晋商文物展览

力于山西特殊的地理位置。山西地处黄土高原，位于长城的内侧。它背靠蒙古大草原，北上出大同，经绥远、归化可达恰克图；南接中州河南，南下经开封可通岭南广东；向西走河西走廊可达新疆、中亚。可以说是位扼通衢，连接南北，承东接西，地理位置十分优越。山西还有着丰富的物产资源和发达的手工业，这些都为晋商的崛起提供了物质基础。另外，山西地处中原，深受儒家文化的影响，百姓大都头脑灵活，善于变通。

先秦时代晋南一带就有了商业交易活动。晋文公称霸时，榆次、安邑就已成为有名的商业集镇。秦汉时代，太原、平陆、平遥、汾阳等地已成为重要商品集散市场。唐朝定太原为北京，使太原城成为商业繁华的名城。尽管如此，这一时期的山西商人还没有形成一定的组织与突出的地位。

到了宋代，山西商人与徽州商人并称，成为当时中国商业的中坚力量。北宋王朝所需要的战马大多数依靠北方的辽国来供应，辽国也亟需宋的手工业品。山西就成了辽宋商品交换的集散地。

从明代到清代初年，山西商人的势力得到进一步发展，晋商真正发展并开始影响全国也是从这时开始的。明代全国较大的商业

明代晋商活动区域图

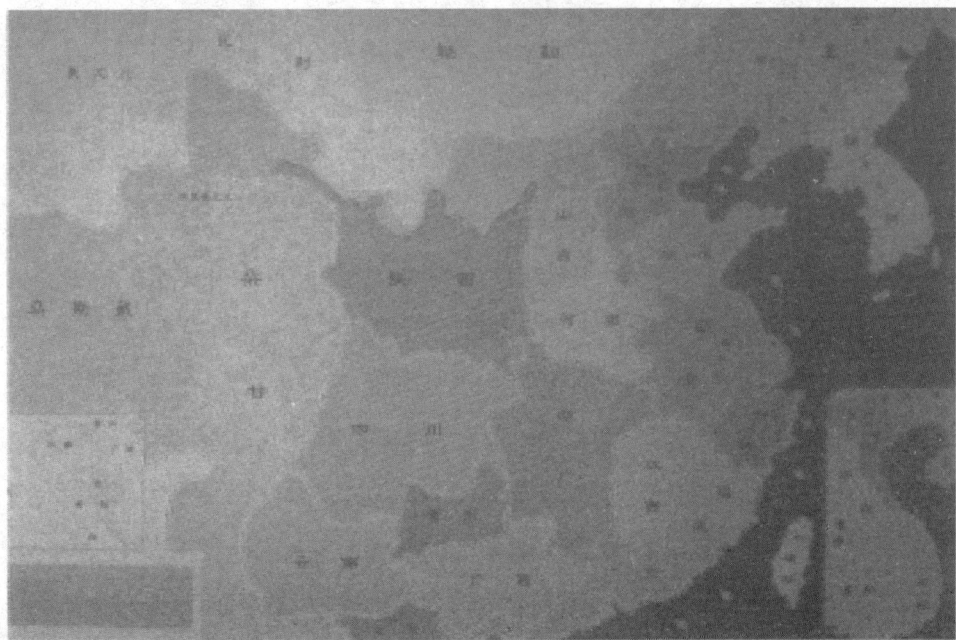

城市有三十三个，山西就有太原、平阳、蒲州（永济）三处。明代末年，山西商人已进入了东北地区，1618年努尔哈赤占领抚顺时，命令在抚顺的山西商人退回山海关内，可见当时山西商人已经和后金进行着贸易活动。清兵入关后，蒙古地区归清王朝统治，归化城商业开始蒸蒸日上。康熙年间，山西商人进入外蒙古草原贸易。从此，东北的松辽平原和内外蒙古草原，都成为山西商人贩运贸易的新市场。当时，蒙汉贸易必须经过张家口和杀虎口（后改归化城），俗称东口和西口。张家口的八大商号都是山西人；在对蒙贸易的西口——杀虎口，山西的行商经常在大青山和西营一带贸易，并得到清政府的

三晋精品展示

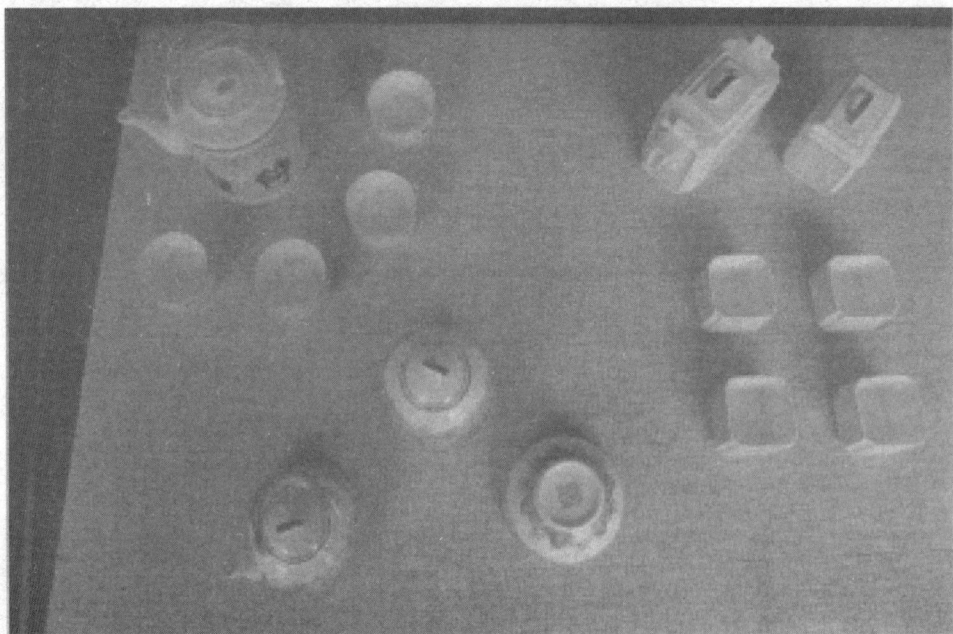

钱庄账局票号

特殊照顾，获得了很高的利润。

晋商渐渐把经营的规模扩大到了全国甚至是国外市场。有很多晋商都能用蒙语、维吾尔语、哈萨克语同少数民族和其他省的商人进行贸易。可以说，全国各地到处都有晋商的足迹，他们在近代贸易中占据着绝对的位置。除了国内贸易外，山西商人还开拓了国外市场，我国从陆路对俄贸易最早最多的是山西人，在莫斯科、彼得堡等十多个俄国城市，都有过山西人开办的商号或分号。在朝鲜、日本，山西商人的贸易也很活跃。甚至欧洲市场也有晋商的身影。就像旧时曾有人说的："凡是有麻雀的地方，就有山西商人。"

山西曹家大院石碑

三晋瓷器

三多堂

（二）晋商与钱庄、账局、票号

近代以来，中国的金融业得到了长足的发展。而近代最主要的金融业机构钱庄、账局、票号的产生和发展都是和晋商的经营分不开的。

晋商中开办钱庄的人占很大一部分，而且具有相当的影响力。据当时《察哈尔省通志》经济类中所说"金融枢纽，操于山西钱商"，就反映出了当时晋商在钱庄界内的重要地位。造成这种影响首先是由于晋商开设的钱庄数量多。在山西，晋商的钱庄几乎是垄断性质的，即使是在竞争激烈的京师，晋商的钱庄也占多数，清朝的一位御史曾记载：

鼎盛时期"日升昌"的分号遍布各地

"京城内外，钱铺不下千余家，而营者多为山西人。"此外，晋商还注意到了行业组织的重要性。早在乾隆年间，归化城就组织起了钱业行会，后来，各山西的钱庄行会组合成了行社，名叫宝丰社，社内最高的执行领导称总领，由各钱庄轮流担当。这以后，宝丰社便充当了调节行业内行商运作的角色，成了钱庄界的龙头行会，发挥着对当地经济进行调节的功能。

账局的产生、发展与张家口的开放有着密切的关系，而张家口又距离山西最近，这就为晋商的经营提供了更大的方便，而此后山西人更是把账局的业务发展到了全国。从现有的资

料记载来看，第一家创办于京城的账局"祥发永"，就是一位名叫王庭荣的山西汾阳商人在乾隆年间创建于张家口的。尤其是在对恰克图的贸易中，账局起到了很大的促进作用。

在山西晋商所有的货币经营资本形式中，最著名的是票号。在票号产生及发展的过程中，晋商功不可没，正是由于晋商的天才创造，中国的票号才得以产生。在票号产生以前，商人外出采购和贸易全要靠现银支付，在外地赚了钱捎寄老家也得靠专门的镖局把现银运送回去，不仅开支很大，还费时误事，而且经常发生差错。这就迫使外出经商的山西商人不得不寻求新的办法。加之晋商拥有雄厚的资本，"百十万家资者，不一而足"。票号的建立需要广布分店，需要拥有大量的周转资金，晋商则具有了提供这种条件的能力。而且由于社会动荡不安，原有的保镖押运方式，已经无法保证资金的安全，这也促使了头脑灵活的晋商寻求新的方式来调配资金，以使其经营得以继续。在其日后的发展中，晋商也起到了决定性的作用。晋商创立了一整套的员工选拔管理体系，在经营中注

三多堂内景

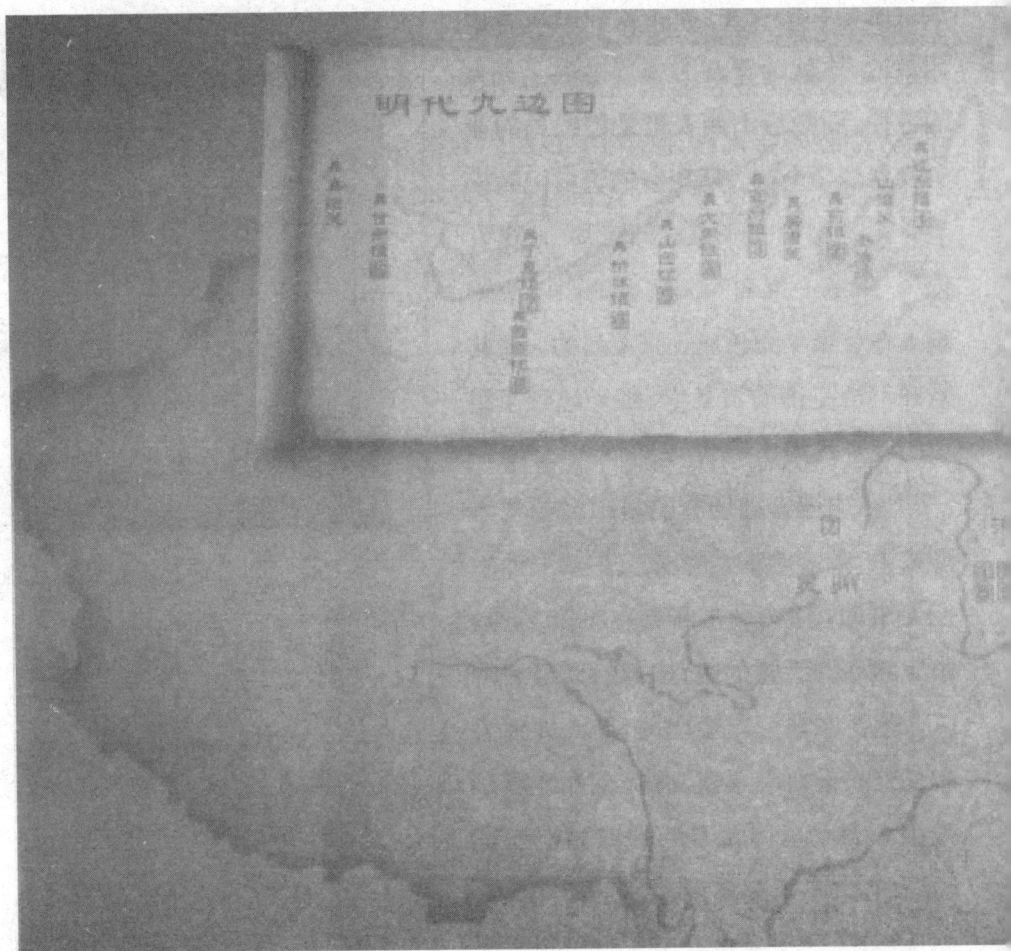

明九边各镇盐引所对盐
场分布图

重创新，不断改善经营方式，促进票号的发展。清朝后期，社会发生巨大变革，票号也随着晋商的衰落而慢慢淡出了历史的舞台。

其实，无论是钱庄、账局还是票号，它们的命运都和晋商息息相关。晋商的每一个举动都可能对金融界的发展产生巨大影响。

（三）晋商精神与经营之道

孔祥熙故居一角

"穷则思变，艰苦创业。逐利四海，开拓进取。振兴民族，忠义爱国。组帮结会，同舟共济。信誉至上，诚信守义。尊师重教，以人为本。勤奋谨慎，俭约自律。乐善好施，热心公益"。这是对晋商精神最全面的阐释，也正是由于有这些精神，才使得晋商在竞

三晋钱业文物展览

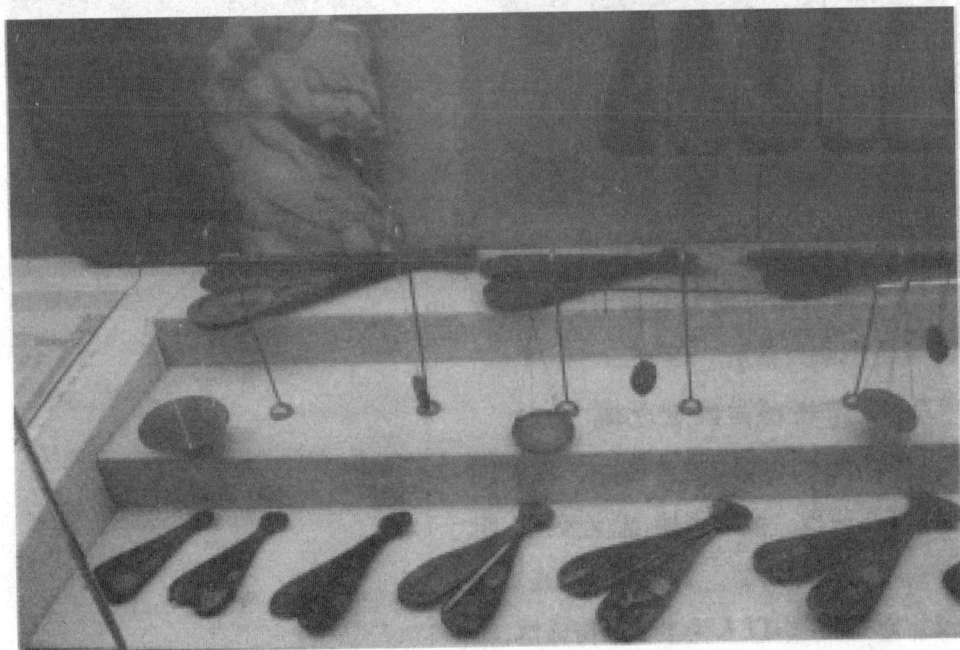

钱庄账局票号

当年晋商出关途经的杀虎口

争激烈的商界一直处于独特的地位。晋商精神及晋商在竞争中得以取胜的经营之道主要有以下三点：

进取精神。

"天下熙熙皆为利来，天下攘攘皆为利往"。由利益而趋动的进取精神，是明清山西商人鏖战于商场的最初精神动力。清代文人纪晓岚说："山西人多商于外，十余岁辄从人学贸易，俟蓄积有资，始归纳妇。"这就是说，事业不成，甚至连妻子也不娶。可见山西人是把经商作为大事来看的，他们通过经商来实现其创家立业、兴宗耀祖的抱负，而这种观念正是使其在商业上不断进取的极其巨大的精神力量。

山西商人的进取心还表现在强烈的开拓精神上，"天行健，君子以自强不息"。有许多山西商人就是靠这种自强不息的精神，白手起家而成大业。如著名的大盛魁商号，其创始人之一的山西太谷人王相卿，幼年家贫，为生活所迫，曾为人佣工，在清军费扬古部充伙夫，服杂役。后来开始从事贸易，先是肩挑负贩，拉骆驼，几经磨难，终于白手起家，到雍正时大盛魁已经是一家具有相当规模的商号了。

山西商人的进取精神还表现在他们不畏艰辛，敢于冒风险。他们曾经拉着骆驼，走沙漠，冒风雪，犯险阻，不畏艰辛，坚韧不拔。山西

晋商民居内景

山西乔家大院

商人在清代开辟了一条以山西、河北为枢纽，北越长城，贯穿蒙古戈壁大沙漠，到库伦，再至恰克图，进而深入俄境西伯利亚，又达欧洲腹地彼得堡、莫斯科的国际商路，这是继我国古代丝绸之路衰落之后在清代兴起的又一条陆上国际商路。西北新疆伊犁、塔尔巴哈台等地也是山西商人的活跃之地。总之，只要是有人的地方就会有山西人在经商。但行商的过程中，不仅要经历天气环境之险，而且还常常遇到盗贼抢掠甚至丢失性命。可他们从不因此而退缩，甚至有一些晋商还练就武功来防身。

2. 敬业精神

晋商的敬业精神，也常为人所称道。晋商都主张在一生中始终要勤奋、刻苦，为事业尽心尽力。在封建社会，传统的观念是重儒轻商，但明清山西商人却不这样看，他们认为商和士农工是同等重要的事业，都是本业，同样要敬。山西人重视教育，从小便接受儒家的经典教育，很多晋商曾经都是科举中的才子，但他们却更锐意商业经营，从而形成了一个具有相当文化的商人群体。也正是由于他们把儒家教育的诚信、仁义、忠恕精神引入商界，从而才有了晋商经营的繁盛。可见，把商业作为一项终身的崇高事业来对待，正是山西商人经商取得成功的重要因素。

山西人的敬业精神还体现在他们工作时的谨慎上，这并不是说他们不敢经营大的业务，恰恰相反，他们对大业务抓得更紧。但他们不轻易冒风险，不打无准备的仗，而是

三多堂的三多即：多福、多子、多寿

钱庄账局票号

在充分调查了解情况的基础上，才拍板成交，以避免不必要的损失。以放款来说，这是山西票号的一项重要业务，但又有风险，他们在详细调查放款对象资产、用款目的、还款能力、财东情况等的基础上，才决定放款与否。有的票号对用款户透支数额还作了明确规定，这些规定都是出于谨慎行事的目的。

3. 群体精神

山西商人在经营活动中很重视发挥群体的力量。他们用宗法社会的乡里之谊彼此团结在一起，通过用会馆维系和崇奉关圣的方式，增强相互之间的了解，通过讲义气、讲相与、讲帮靠，协调商号间的关系，消除人际间的不和，

明代晋商行盐地域图

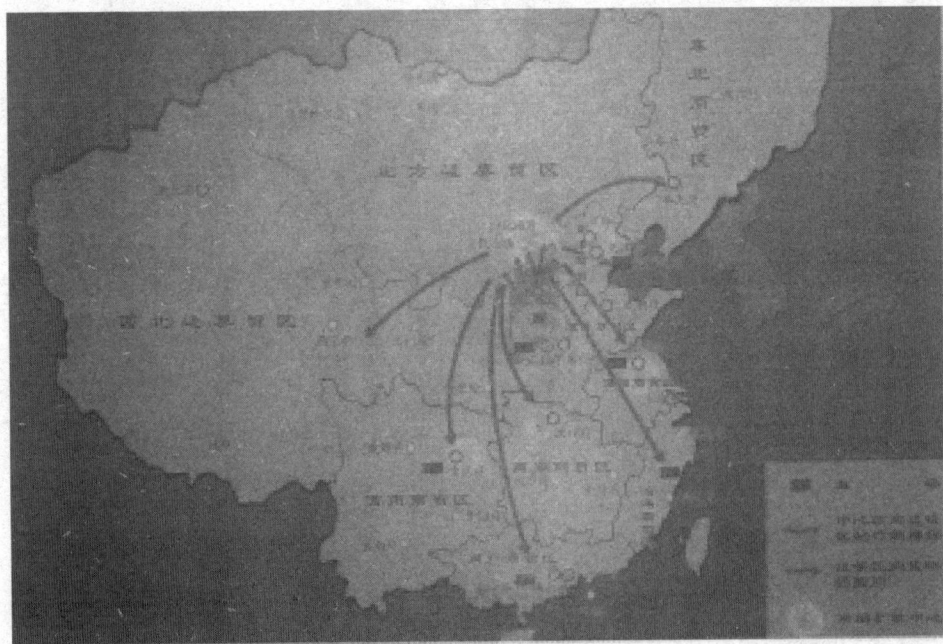

形成大大小小的商帮群体。

　　山西商人的这种商帮群体精神，首先来源于家族间的孝悌和睦。山西人都注重对思想道德的教育，因此，他们在很小的时候便形成了和睦、团结的群体意识。等投入到商业活动中后，随着山西商人活动区域和业务范围的扩大，商业竞争也愈演愈烈，于是山西商人从家族到乡人间，逐渐形成了"同舟共济"的群体。尤其是在清后期，山西票号在国内八十多个城市设立了分号，从而形成了一个汇通天下的汇兑网络，也是以乡人为主体形成的山西商人群体。正是由于他们的群体合作，才使得晋商几乎垄断了近代的金

康百万庄园内景

融业务。

（四）晋商在近代金融业中的作用和影响

曾称雄于中国商界的晋商，进入近代以来，又因其善营票号而辉煌了半个多世纪。虽然出于种种原因，晋商无可奈何地衰落了下来，但是，却在中国近代金融业发展上发挥过重要作用，在中国近代金融史上留下了不可磨灭的一页。关于晋商在金融体制、运营机制上的一些创新之举，及其在经营中所反映的一些传统文化而形成的优良作风，不仅在当时给人们留下了深刻的印象，而且对后世也产生了深远的影响。

首先，晋商促成了中国近代金融体系的形成。在商品经济日益发展的情况下，随着商品流通的加快，商业活动的范围也不断扩大，原有的印局、钱庄、账局等货币经营方式已远不能适应新形势的要求。于是，晋商们对旧有的货币经营方式予以改进，在钱庄、账局的基础上，创立并发展了票号这一新的方式。票号的创立，把新的货币经营方式的优越性很好地发挥了出来。在票号产生后，晋商又继续发展票号，并不断吸收国外先进

尧坝古镇当铺

钱庄账局票号

的货币经营模式，以致旧有的方式不得不逐渐退让。这样就使中国近代金融市场在经营方式上基本趋于统一，并日益走向规范，从而为中国近代金融结构的改变、经营方式的更新奠定了基础，也为中国近代金融体系的建立创造了必要条件。

晋商垄断了国内汇兑和放款业务。在晋商创办了票号之后，晋商在全国的汇兑业很活跃，除了在资金储备和信誉方面有优势外，晋商还在全国很多大的商埠设立自己的分支机构。晋商还加强和政府的联系，包揽了公款的汇兑。与此同时，山西的票号还进行着大笔的存放款

三多堂

业务。更重要的是清政府为了适应国内外军事政治斗争形势的需要，不得不把财政的权力下放，这就使得各大官员能够"便宜行事"，而晋商和官员建立起来的联系，也为票号的大行其道创造了条件。在这种情况下，国内的汇兑和存放款几乎都被晋商经营的票号所垄断，可以说晋商在一定程度上决定着近代金融业的发展。

晋商还支持了中央政府的军政费用。晋商对中央费用的支持主要体现在借垫军饷、踊跃捐款、捐纳等几个方面。晋商的票号实际上是起到了国家金库和银行的职能。尤其是清代中后期，晋商通过票号或捐款等形式为国家解决了很多问题。

（五）晋商衰落的历史反思

自明朝中叶兴起的晋商，在清道光年间创设票号后，又在中国金融界活跃了半个多世纪。此后，票号便逐渐走向衰落。晋商的衰落，其原因是多方面的。从晋商的渐渐衰落，我们更能了解中国近代金融及国家发展的轨迹。

1. 国家命运的日渐衰落，极大地影响了晋商的命运。晋商从进入清朝以来，得到了空前的发展，这除了晋商自身的奋发图强外，客观上一个很重要的原因，就是当时国家的昌盛为它提供了比较广阔自由的活动空间。但当清朝进入了全盛以后，也陷入了一种自我陶醉的自闭状态和人为的与世隔绝，既无视西方国家的迅速崛起，也没有察觉到西方入侵、瓜分中国的野心。于是，列强用坚船利炮打开了中国的大门，鸦片战争后，中国国运日衰，越来越陷入被动挨打的地位。国家命运如此，其他各行业的命运又怎能无恙？加之晋商的票号和朝廷紧密联系，在国家主权被破坏、贸易不公平、国家百业凋敝的情况下，晋商也越来越被动，只

三多堂部分古建筑吸收了欧洲建筑文化的理念

帝国主义的入侵使得晋商走向衰弱

能一步步地走下坡路。另外，在国力衰落的情况下，政府对商人肆意压榨，也是山西商人走向衰落的一个重要因素。

2. 帝国主义的经济入侵，加速了晋商的衰落。晋商的兴起乃至走向全盛，其根基主要在于商业，正是其商业资本的积累，以及社会商品经济的发展，才能使票号在此基础上建立和兴起。可是鸦片战争后，使晋商已占有的商品销售市场和商品来源基地日益缩小。国内商品市场的不断萎缩，也必然使其用于商品流通的资本减少，从而影响了票号的业务。列强除了在华大量倾销商品，还企图控制中国的金融业。从 19 世纪 70 年代开

始，在华的外资银行利用其设备先进及办事效率高、汇兑费用低的优势，将原来靠票号汇兑的商家争夺到了自己的名下。可见，帝国主义的经济侵入也加速了晋商的衰落。

3. 晋商自身的局限性。在外部环境剧烈动荡的情况下，旧有的商业模式已被打破，只有加快改革，适应潮流，才是求得自身发展的途径。但是晋商不但没有大胆创新、寻求新的生存之道，反而固步自封、墨守成规，以致多次失去改革的机会，使自身的发展陷入了僵局，并最终失去了原有的光环。而且，由于深受儒家思想的影

三多堂内陈设的古家具

山西祁县建筑

响，很多晋商都有着"以末致富，以本守之"的传统观念，外出经商致富后回家盖房置地养老少的观念浓厚，这种情况下，晋商的资本严重流向本地，更是阻碍了他们的发展。

五、钱庄、账局、票号对中国历史发展的意义

钱庄、账局、票号的出现是近代中国金融业发展的里程碑，是当时金融体系中最重要的组成部分。它们的产生与发展有着深刻的时代背景，而它们的出现又对中国历史的发展产生了巨大的影响。不可否认，它们都曾共同推动中国近代金融行业的发展，为近代商品经济的发展作出了巨大贡献。作为一个时代特有的产物，它们与当时的统治阶级、外国来华势力既相互扶持又相互抗衡，此消彼长，共同书写着中国近代民间、官府与列强势力的斗争风云。在近代的风云中，一次次的起义革命对旧式的体系不断冲击，在这一过程中，钱庄、账局、票号又与中国近代的太平天国、辛亥革命的发展相联系。它们的历史不仅仅是近代经济金融的发展史，更是近代风云迭起的缩影，当我们今天再次回首它们时，呈现在眼前的还有在中国古代传统文化影响下人们的行为活动，以及深嵌在他们脑海中的传统观念和新观念的相互作用。钱庄、账局、票号又都是近代文化的重要组成部分。

康百万庄园照壁一景

（一）钱庄、账局、票号对近代经济的影响

钱庄、账局和票号的产生在近代历史上有着重要的意义，推动了整个近代史的发展。

首先，它们是近代金融体系的支柱。虽然在钱庄、账局、票号产生之前，中国封建社会就有了例如当铺、印局等早期金融机构，但是它们都带有封建社会的剥削性质，而且并不具有金融行业的三大基本业务，即存款、贷款、汇兑。钱庄是以货币兑换、信贷活动为主要业务；账局主要是经营存放款，票号的主要业务是异地款项的汇兑。也就是说，在钱庄、账局、票号全部产生之后，我国已经具备了近代金融

曹家大院

的全部特点，中国正式进入了近代文明的金融体系。

钱庄、账局、票号共同促进了商品经济的发展。中国在明清以前几千年的封建社会里，一直都是自给自足的封建自然经济占主导，商品的交换和流通并不是很广泛，因而不需要专门从事兑换、异地汇兑等业务的金融机构。明朝中后期，资本主义萌芽开始产生，商品交换的规模和范围逐渐加大，这就要求金融行业有与之相匹配的经营活动，于是钱庄、账局、票号等近代金融组织应运而生，它们是商品经济发展的产物，然而它们

三多堂陈设

的产生又促进了商品经济的发展，加速了自然经济的解体。有了这些专门从事金融服务的机构，商业流通得以流行和广泛传播，尤其是远程贸易交换。存放款业务的开办也为商业经营提供了资本，扩大了经营的范围。钱庄、账局、票号对于近代商品经济的影响是深远的，它们使得中国的商业发展进入了现代文明，推动了社会经济的繁荣。

钱庄、账局、票号还促进了中外经济的联系。中国商品经济的发展开始时仅限于国内少数几个经济发展程度较高的城市。随着钱庄、账局、票号业务内容和范围的扩大以及外国经

济势力的入侵，经济交流的范围也逐渐扩大，中外交流更是达到了前所未有的程度。外国银行资本充足、经营管理先进，因此很多中国金融机构都和它们有着业务往来或是其他的交往，这既是中外联系加深的表现，同时也促进了这种交往。外商通过投资在华的钱庄、账局、票号参与到中国的商业运转中，和很多行业的大商家都保持着密切的关系，这样，中外的贸易发展也就一步步加深了。

（二）钱庄、账局、票号与近代战争革命风云

三多堂堪称中国民宅建筑的奇葩

钱庄、账局、票号对中国历史发展的意义

三多堂内陈列的兵器

钱庄、账局、票号是近代社会发展的产物，它们的发展轨迹能反映出那个时代的发展状况。鸦片战争以后，外国列强纷纷侵入中国，国内的革命起义也是风起云涌。近代战争革命风云给钱庄、账局、票号带来了不同的机遇是挑战，改变了它们的发展进程。

鸦片战争的战败使清政府不得不担负约七千万元的军费和两千一百万元的赔款。其实，在此之前，清政府的财政已经很拮据了，巨额的战争款项无疑是雪上加霜，清廷只得实行通货膨胀和大量铸造大钱，发行官票、宝钞等钱票。这些措施客观上增加和发展了钱庄等金融机构

三多堂院内砖、木、石"三雕"技艺高超

的业务，并且清政府也曾向它们贷款以填补财政漏洞。这些在一定程度上促进了钱庄、账局的发展。有很多的钱庄、账局就是在鸦片战争后才产生的。

太平天国战争爆发以后，清政府的财政危机状况超出了常人的想象。而且，当时国内南北各地道途阻塞，现银运输非常困难，于是清政府的饷银、赋税、丁银等大宗汇银，统统交给了当时的金融机构来经营代理，尤以与政府联系最为紧密的票号为甚。另外，当时的金融机构还承担起了为战争提供贷款来剿灭反贼的任务，所以，它们无形中也参与到了平定叛乱

三多堂内的屏风

融合了南北方建筑特点的三多堂

的队伍中。虽然战争使得正常的生活和商业经营遭到了打击，一些小的或在战争冲突较为激烈城市的金融机构因此而倒闭，但很多商家却因此获得了发展的机会。太平天国运动对于近代兴起的金融机构可以说既是挑战，也是机遇。

虽然近代每一次战争或是革命都给钱庄、账局、票号等近代金融机构带来了不同程度的影响，但对它们发展影响最大的仍然是推翻我国最后一个封建王朝的辛亥革命。经过了辛亥革命的冲击，

清王朝结束，原来和票号等商家联系紧密的官僚
势力也纷纷被打倒，因此旧有的金融机构也就失
去了依靠，随之丧失了大部分市场。不仅如此，
在这次革命中，革命军还对很多封建旧制度进行
了改革，旧式的金融体制当然也在他们的革新之
列。就这样，辛亥革命之后，票号等金融机构大
多急剧衰落，虽然后来几经挣扎，力图重振旧业，

但都成效甚微，最终都无可奈何地走向没落。

（三）钱庄、账局、票号所反映的中国近代文化

钱庄、账局、票号是我国近代金融行业的三大支柱，它们的产生和发展都是近代经济乃至社会文化的集中体现，透过它们也许我们能更清楚中国近代金融业的发展。

中国自古重农抑商，但是近代却兴起了钱庄、账局、票号这样的专业金融机构，可见当时的商业发展已经达到了一定程度。而这恰恰也说明当时人们重农抑商的观念已经有所改变，人们开始希望用自己的方式致富，不再靠天吃饭，商人的地位也开始逐渐上升，各城市间的交流也渐渐扩大，这时的中国才慢慢成为

三多堂内账房陈设

钱庄账局票号
118

三多堂古房屋

一个有机的整体。

从钱庄、账局、票号的经营之中我们也能窥见近代的商业文化。我国自古以来就尊崇儒家文化，儒家的中庸仁爱思想渗透于社会的各个方面。钱庄、账局、票号的经营者往往最重诚信，他们很多都宁愿自己赔钱也要保住信誉，因此，在金融界存在着很多中外驰名的百年老店；在竞争之中，各商家也大都严守着公平竞

三多堂内金银元宝展示

争的原则，由行业商会来协调竞争中的矛盾；他们的运转管理大都采用股份制，很多是家族成员或是亲密的朋友，这也是儒家和谐合作思想的体现。虽然如此，但钱庄、账局、票号依然没有摆脱封建的性质，它们往往和封建政府相勾结，和官僚保持着紧密的联系。这也是近代商业经营的一大特点：既保留着封建的性质，也产生了近代资本主义的因素。

钱庄、账局、票号虽然在近代历史上只存在了不到百年的时间，但是它们却和近代的发展紧密相联，是近代商业中一抹绚丽夺目的色彩。今天当我们再回首来审视它们时，依然有很多精彩等着我们慢慢发觉、品味……